일상

KARL RAHNER
ALLTÄGLICHE DINGE

Theologische Meditationen / Band 5
Benziger Verlag, Einsiedeln 1969
Translated by Chang Yik
Korean translation copyright © 1980 by Benedict Press, Waegwan, Korea.

삽화 : Henry moore의 소묘

일상
신학단상

1980년 3월 초판 1쇄
1999년 10월 초판 11쇄
2003년 4월 신판 1쇄
2019년 12월 신판 7쇄
2023년 6월 29일 3판 1쇄
2024년 6월 27일 4판 1쇄

지은이	카를 라너
옮긴이	장익
펴낸이	박현동
펴낸곳	성 베네딕도회 왜관수도원 ⓒ 분도출판사
찍은곳	분도인쇄소
등록	1962년 5월 7일 라15호
주소	04606 서울시 중구 장충단로 188 분도빌딩(분도출판사 편집부)
	39889 경북 칠곡군 왜관읍 관문로 61(분도인쇄소)
전화	02-2266-3605(분도출판사) · 054-970-2400(분도인쇄소)
팩스	02-2271-3605(분도출판사) · 054-971-0179(분도인쇄소)
홈페이지	www.bundobook.co.kr
ISBN	978-89-419-2408-1 03230

카를 라너

일 상

신학단상

장익 옮김

분도출판사

차례

일상의 신학　　　　　7

일하는 것　　　　　11

걷는 것　　　　　15

앉는 것　　　　　19

보는 것　　　　　23

웃는 것　　　　　27

먹는 것　　　　　31

자는 것　　　　　35

일상에서의 은혜 체험　　　　　39

카를 라너 연보　　　　　47

일상의 신학

너의 일상이 초라해 보인다고 탓하지 말라. 풍요를 불러낼 만한 힘이 없는 너 자신을 탓하라(릴케).

여기서 시도하는 신학 묵상은, 보통으로 일상의 잡다한 일에 허덕이다 보면 주일날이나 돼야 겨우 차분히 읽거나 생각해 볼 겨를이 있을 것이다. 주일 단 하루만이라도 인간이 통째로 숨 돌리는 날로 삼아, 일상을 위해 일상의 신학에 관한 생각을 좀 해봄직도 하지 않을까. 일하고 쉬고 먹고 자고 하는 일상의 일들을 그리스도교 신앙에 비추어, 신학에 던져진 물음으로 살펴본다면 어떠할까. 물론 극히 단순한 일들이기는 하나 한두 마디 짤막한 말로는 별로 밝혀질 수 없음을, 아니 가장 단순한 것일수록 실은 이론과 실천에 있어 가장 어려운 일임을 전제하고 말이다.

여기 일상의 신학 일반에 대하여 한마디 하여 서

두로 삼는다.

첫째로, 일상의 신학이라는 것이 일상을 축일로 바꿀 수 있다고 여겨서는 안 되겠다. 이런 신학이 할 말이 있다면 그것은 우선 일상을 일상으로 두라는 말이다. 신앙의 드높은 생각이나 영원의 지혜로도 일상을 축일로 바꿔 놓을 수 없거니와 또 바꿔 놓아서도 안 된다. 일상은 꿀도 타지 않고 미화하지도 않은 채 견디어 내야 한다. 그래야만 일상은 그리스도인에게 있어야 할 그대로 있게 된다. 즉, 믿음의 터전, 정심正心의 도량, 인내의 단련, 호언장담과 거짓 이상의 건전한 폭로, 참되이 사랑하고 성실할 수 있는 차분한 기회, 슬기의 마지막 씨앗인 현실성의 입증이 되는 것이다.

둘째로, 담박하고 성실하게 받아들여진 일상은, 바로 일상으로 머무는 이상, 우리가 하느님과 그의 숨은 은혜라고 부르는 저 영원한 불가사의와 무언의 신비를 담고 있다. 왜냐하면 그것은 다 인간이 행한 일상이기 때문이다. 인간이 있는 곳이란 곧 자유롭고 책임 있는 행위로 실재實在의 숨은 깊이를 드러내는 곳이다. 아울러 가장 일상적인 사소한 일도 실은 참으로 인간다운 삶에 본질적 요소로서 내포되어 있기 때문이다. 아니 마땅히 그래야 하기 때문이다. 참으로 인간다운 삶이란 더없이 진지한 자유 안에서 하느님을 향한 믿음과 소망과 사랑으로 포착되는 영원한 하느님의 무게를 지닌 삶인 것이다. 우리로 하여금 하느님을 찾아 얻게 하는 것은 실상 이념이나 고상한 말이나 자아 반영이 아니라, 이기심에서 나를 풀어 주는 행위, 나를 잊게 해 주는 남을 위한 염려, 나를 가라앉히고 슬기롭게 해 주는 인내 등이다. 누구든 인간으로서 자신 안에 지니고 있는 영원의 핵심을 위해 조금이나마 시간을 낸다면, 그는 작은 것들도 가이없는 깊이를 지녔음을, 영원의 전조임을, 문득 깨닫게 될 것이다. 이는 마치 온 하늘을 담고 있는 물방울처럼 그 자체 이상의 무엇이며, 자체 너머를 가리키는 상징 같은 것, 다가오는 무한성을 알리는 전갈에 스스로 휩쓸린 전령 같은 것, 본연의 현실이 이미 다가왔기 때문에 우리 위에 드리워지는 실재의 그림자 같은 것이다.

그래서 셋째로, 우리는 주일마다 일상의 사소한 일들, 별것 아닌 하찮은 일들에 부드러운 마음으로 응해야 한다. 일상사가 짜증을 내게 하는 것은 우리가 짜증스럽게 받아들이기 때문이며, 우리를 무디게 만드는 것은 단지 우리가 이해하지 못하기 때문이다. 일상의 일들이 우리 자신을 평범하게 만드는 것은 우리가 옳게 이해하지도 처리하지도 못하는 데에서 비롯된다. 하기는 일상사가 우리를 현실적이게 하고 더러는 고달프고 낙담케 하며 욕심을 버리고 주저앉게 하기도 한다. 그러나 우리가 그렇게 되는 것은 당연할 뿐 아니라 마땅한 일이다. 그것은 배우기 어려워도 배워야만 하고, 영원한 삶이라는 참축제에 우리 힘 아닌 하느님 은혜로 나아가도록 우리를 준비시켜 주는 것이다. 그렇다고 일상의 일들이 우리를 일그러지게 하거나 냉소와 회의에 차게 해서는 안 되겠다. 왜냐하면 작은 것은 큰 것의 약속이요 시간은 영원의 생성이기 때문이다. 그것은 주일이 그렇듯이 일상도 그러하다.

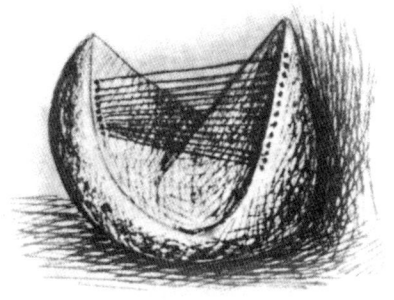

일하는 것

일은 우리가 평일 또는 일상이라고 부르는 것의 특징적 내용이다. 우리는 물론 일의 훌륭함을 노래할 수도 있다. 인간의 숭고하고 위대한 창조력의 행사를 뜻하여 일은 복되다고 할 수도 있다. 그런가 하면 흔히 있듯이 일을 오용하여 도피로 삼을 수도 있다. 자기 자신으로부터, 실존의 신비와 수수께끼로부터, 참안정을 비로소 찾게 하는 불안으로부터의 도피가 모두 그런 것이다. 그러나 참다운 일이란 이 양자 중간에 자리한다. 일은 실존의 정점도 아니요 진통제도 아니다. 단순히 일일 따름이다. 고되면서도 견딜 만하고, 평범하고 길들어 단조롭고 되풀이되는 것이 일이다. 삶을 유지시키면서도 동시에 차츰 소모시키며, 불가피하면서도 — 지나친 고역이 되지만 않는다면 — 그런대로 즐거운 것이기도 하다. 일이 우리에게 아주 "맞을" 수는 없다. 제아무리

고상한 창조적 충동의 실행으로서 시작된 경우라도 영락없이 지루하게 단조로워지고, 같은 것을 지겹게 되풀이하는 회색 노고가 되며, 예측 못 한 것 내지 인간이 안으로부터 행하는 게 아닌 밖으로부터 낯설게 들이닥치는 것의 무게를 받아 내야 한다. 나아가 일이란 언제나 남들의 처분에, 주어진 보조에, 자기를 맞추어야 함을, 우리들 중 아무도 혼자 택하지 않은 공동 목표에 이바지함을, 즉 공동선을 향한 순종과 극기를 뜻한다.

따라서 일의 신학이 해야 할 첫마디는, 바로 일은 그대로 일이라는, 또 언제나 그러리라는 말이다. 즉, 고달프게 단조로운 것, 자기 포기를 요구하는 것, 일상적인 것이다. 일이 설령 갈수록 창작 행위의 성격을 더 띠게 된다 치더라도 인간에 있어서는 죽음에서 그 끝을 찾는 생물적 기반에 묶여 있으며, 결코 남김없이 뜻대로 처리될 수 없는 외계와의 교호 관계에 놓여 있다. 결국 일은 일로 머문다. 하여, 성서에 나타난 대로, 우리 실존의 죄스러움의 발로, 안과 밖, 자유와 필연, 육신과 정신, 개인과 사회 사이의 실존적 부조화의 발로로 머문다. 이는 하느님을 통해서만 초극될 수 있는 부조화이다. 그러나 고통과 죽음 등 그 자체 죄가 아닌 죄의 결과는 그리스도에 있어 구원의 구체적인 발로가 되었다. 이 점은 죄책의 가장 근본적 발로인 죽음에서뿐 아니라 신으로부터의 괴리를 드러내는 온갖 사상事象에 있어서도 그러하다. 따라서 고달프고 일상적이고 현실적으로 몰아沒我를 요하는 "일"에 있어서도 마찬가지이다. 일은 그 자체로서가 아니라, 그리스도의 은혜를 통해서만 "주님 안에" 행해질 수 있고, 하느님으로부터 영생의 잔치라는 갚음을 받을 만한 태도와 마음가짐의 단련이 될 수 있다. 그것은 신앙의 일상적 형태인 인내의 태도, 성실과 공평과 책임감의 태도, 사랑이 깃드는 몰아의 태도이다.

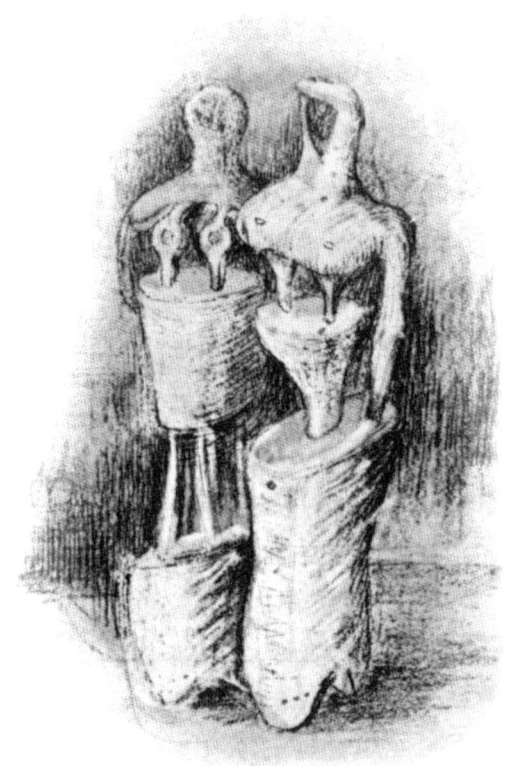

걷는 것

우리 일상생활에서 가장 일상적인 것 중에는 걸음이 있다. 걸음에 대해서는, 걷지 못하게 되거나, 갇히거나, 불구가 되기 전에는, 아무도 따로 생각을 않는다. 그렇게나 돼야 문득 걸을 수 있음을 은혜로, 기적으로 느끼게 된다. 우리는 어떤 한 환경에 붙박이로 매여 있는 식물이 아니다. 우리는 스스로 환경을 찾고 바꾸고 고르면서 — 걷는다. 걸음을 걷는 우리는 자신을 스스로 옮겨 가고 있음을, 아직 도착하지 못한 구도자求道者임을 체험한다. 우리는 어떤 목적을 향한 길손이기는 하되 무턱대고 허공을 헤매는 자가 되기는 원치 않음을 자각한다. 우리는 또한 불가피한 무엇을 향해 걸으면서도, 그렇게 부과된 것을 향해 스스로 가도록 허락되기만 하면 자신을 자유인으로 느낀다. 우리는 흔히 품행品行이라는 말도 쓴다. 또 첫 그리스도인들의 지칭은 "그 길의 사람들"(사도 9,2)이었다. 우리가 말씀을 듣는 자에 그치지 않고 행하는 자 되려면 성서를 따라 영으로 살 뿐 아니라 영 안에서 걸어야 한다(갈라 5,25). 우리는 또 일이 어떠어떠하게 돌아간다, 사업이 잘되어 간다, 이해가 간다, 따위의 말들을 쓰기도 하고, 변화를 이행移行, 종말을 몰락沒落, 생성을 상승上昇, 인생을 여로旅路, 역사를 진보進步라 부르기도 한다. 알아들을 수 있으면 "따라간다"고 하고, 결단을 내리면 "한 걸음 내딛는다"고 한다. 종교 생활에서나 세속 생활에서나 큰 축제에는 행렬을 하게 마련이다.

이상 몇 가지 사소한 표현만 보더라도 우리 삶이 얼마나 일상의 걸음이라는 아주 본원적인 체험의 실마리를 따라 풀이되고 있는가를 알 수 있다. 우리는 걷는다. 그리고 이미 이 신체적인 걸음만으로도 여기가 우리 정처가 아님을, 우리는 길을 가고 있음을, 어디엔가 정말로 이르러야 할 몸임을, 아직도 목적을 찾고 있는 나그네임을, 두 세상 사이의 방랑자임을, 길손임을 말한다. 움직여지면서도, 스스로 정한 움직임에서는 걸음이 늘 뜻한 데로만은 가지 않음을 체험하는 게 인간이다.

이처럼 깨달아 알고 자유로이 행하는 자의 걸음

이라는 지극히 단순한 행위에는 과연 인간 실존 전체가 담겨 있고 드러난다. 이는 그리스도인의 믿음이 그 목적을 밝혀내 주고 거기 도달할 것을 약속해 주는 실존이다. 그것은 무한한 움직임의 실존, 자기 자신을 알고 자신의 미달을 아는 움직임 — 달리는 말할 수 없는 일로 — 우리 미래인 주님의 강림과 재림에서 하느님 몸소 오시기에 찾으면서도 얻으리라고 굳이 믿는 움직임의 실존인 것이다.

  우리는 걷는다. 걸으면서 찾아야 한다. 그러나 궁극의 것, 본연의 것은 우리를 향해 마주 오고 있고 우리를 찾고 있다. 이는 다만 우리도 걷고 마주 나아갈 때에 한해서이다. 그리고 우리가 오히려 찾아졌기에 우리 또한 찾아 얻었을 때에는, 우리의 마주 나아감이 벌써 우리를 향해 오던 저 움직임으로, 우리를 향해 움직여 오시는 하느님의 힘으로, 받쳐져 있었음을 체험하게 될 것이다. 이렇게 받쳐짐을 곧 은혜라고 일컫는다.

앉는 것

일상에는 또 앉음도 있다. 일상에 관한 신학 또한 앉음을 생각지 않을 수 없다. 고된 일이나 먼 길 끝에 고마운 마음으로 앉아 보지 않은 사람이 있을까. 아무리 방랑을 그리워하는 사람이라 해도 언젠가는 자리 잡고 눌러앉기를 바라지 않을 이가 있을까. 조금이나마 값어치 있는 일을 해내려면 붙어 앉아 있어야 함을 누가 모를까. 앉는다는 것은 이미 생물적으로나 위치적으로 보더라도, 아무 곳이나 어떤 자태나 매양 똑같지는 않음을 뜻한다. 인간은 어디엔가 속해 있어야 하고 아무 데나 마찬가지라고 자리 잡을 수는 없다. 결국은 쉬려고 하는데, 모든 움직임은 오직 인간 본연의 충만한 삶의 결정적 자리를 향한 귀향의 표현일 수밖에 없음을 말한다. 물론 신체적으로 본다면 "앉는다"는 일은 인간 실존과 그 완성의 한 측면밖에 반영하지 못한다. 완성의 평정平靜

이, 결정적 종착점에 도달함이, 아울러 끝없는 삶임을, 모든 행동의 완결이며 생활한 현실의 완성임을, 앉는다는 몸짓은 부정도 표명도 않는다. 그러나 그것이 이루어지는 것은 평정과 고요와 항구의 복된 향유에서, 잃을 두려움 없이, 한마디로 평정한 앉음에서이다. 성서는 영생의 잔치에 대해, 주인은 그들을 앉혔다(루카 12,37)고 하였다.

이런 말은 그저 범상하고 무난한 말로 들린다. 하지만 우리는 가만히 앉아 있어야 할 때면 곧 지루해지는 것이나 아닐까. 우리 자신과 고요와 침묵을 견뎌 낼 수가 없어 돌아다니고, 여행하고, 일만이 마치 정상인 양 거기 뛰어드는 것이나 아닐까. 도망쳐야 하기 때문에 마냥 뛰는 것이나 아닐까. 주일도 그저 모양을 달리한 평일로, 일상의 작업에서 단지 신체적으로 강요된 막간으로 느끼지나 않는가. 우리가 배워야 할 것은 휴식이 곧 마음과 인간 전체의 고차적 행위의 형태일 수 있다는 것, 아니, 궁극적으로는 오직 휴식만이 그 형태라는 것이다. 빨리 달린다고 해서 어디로 가고 있는지 몰라도 된다는 법은 없음을 깨달아야겠다. 천천히 가는 자가 오히려 목적과 길을 제대로 생각하고 나섰기에 더 빨리 도착하는 수도 있음을 알아야겠다. 목적 안에서의 끝없는 움직임은, 달리 말할 수가 없어 역설적으로 말한다면, 죽은 정체停滯는 결코 아니다. 우리는 아직 그 움직임을 향해 가고 있는 중이다. 그리고 우리가 거기 도달하는 것은 오직 자기 도피의 헛된 소란보다 평정을 더 나은 것으로, 더 받아들이기 쉬운 것으로 여길 때이다.

물론 차분하고 조용한 잠심을 익히는 길은 여럿 있다. 청아한 예술품, 순수한 음악, 인간과 인간 사이의 은근하고 맑은 사랑, 이해利害를 넘어선 고도의 인식과 달관, 그 밖에 다른 예술적·전인적·관상적 체험들도 있다. 그러나 궁극적으로 그 자체로서 지탱될 수 있는 평정은, 그 이름이야 어떻게 붙이건, 기도뿐이다. 오직 우리가 하느님이라고 부르는 무한한 신비와의 사랑의 합일에서만 우리는 다시 더 가지 않아도 되는 데에 도달할 수 있고, 하염없이 헤매는 움직임의 한순간이 아닌 평정을 찾을 수 있고, 무릇 모든 앉음과 쉼으로 비유되고 약속되는 저 말씀을 들을 수 있는 것이다.

"승리하는 자는 나와 함께 내 옥좌에 앉게 하리라"(묵시 3,21).

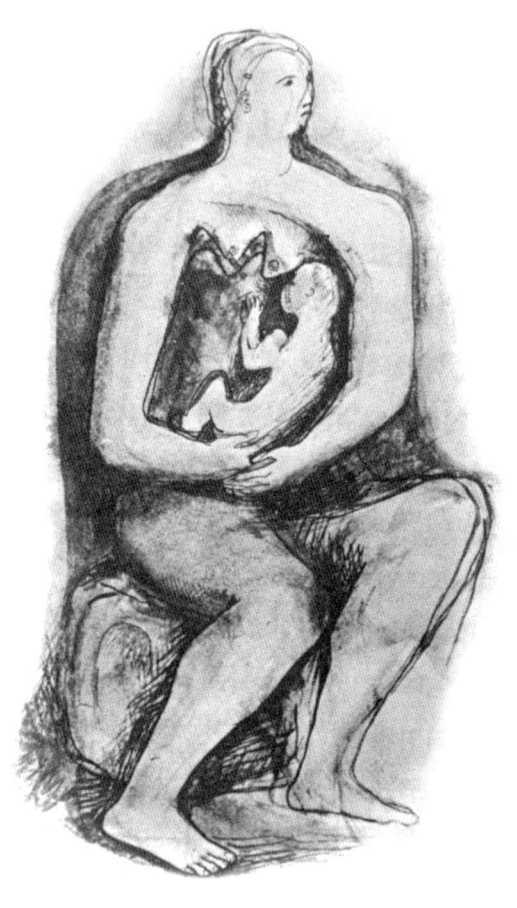

보는 것

일상에 인간을 지탱해 주는 근본 기능의 하나는 보는 일이다. 생리학이나 인식론의 견지에서야 어떻든 간, 우리로서 본다는 것은 우리가 살고 있는 이 세상과 아주 담담하게 객관적인 관계를 맺는 양상으로 체험된다. 본다는 것은 우리에게 세계의 넓디넓은 지평을 열어 준다. 먼 것은 가까이 당겨 주고 가까운 것은 나라는 주체로부터 뚜렷이 구분해 주며, 온갖 대상을 정돈하고 분별하고 묶어 주어 다양하고 아름다운 하나의 세계가 되게 해 준다. 그러나 눈은 또한 성서도 말하듯이 사람이 자기 자신을 드러내 보이는 창문, 남의 세상이 그리로 들어갈뿐더러 자기도 숨은 내면에서 나와 밖으로 나타나는 문이라고 한다. 또한 우리는 사람의 눈을 보고 그 두려움과 그리움과 오만과 자비와 선함과 악함과 시기와 경멸과 질투와 거짓을 모두 알 수 있다. 그런가 하면 성서는 또 눈을 인간의 외면으로 여겨, 인간은 눈을 보는 데 비해 하느님은 마음을, 인간의 범접치 못할 자유로운 내밀을, 인간의 본성을 뚫어 보신다고 하였다.

  이처럼 보는 눈과 내다보는 눈은 인간과 세계 사이, 안과 밖 사이의 신비로운 중심으로서, 거두어들이고 내주며 나타내고 감춘다. 본다는 것이 듣는다는 것과 아울러 어떻게 종교 용어상 묘한 대비를 이루면서도 하나로 합쳐져 하느님 및 그리스도와의 만남의 표상으로 쓰이고 있는가는 이 짧은 글에서 다룰 수 없다. 여기서는 일상의 보는 행위로 되돌아가자. 이 행위 자체도 이미 인간이 하나의 전체로서 어떠하며 어떠하여야 하는가를 말해 주기 때문이다. 곧 인간은 열려 있고, 두루 살피고, 멀리 있어 좌우할 수 없는 것에도 마음을 둘 줄 알며, 자기 자신을 내보이고, 내심을 드러내고, 남이 나를 있는 그대로 알기를 용납할 용기와 순진을 갖춘 자라야 한다는 것이다. 이처럼 세상을 바라보고 자기의 실존을 보는 사람, 즉 세상을 감연히 있는 그대로 보면서 욕심의 허상으로 그 참모습을 뒤덮지 않는 자, 실상과 외양을 갈라 이중이 되지 않고, 있는 그대로의 자기를 내주는 자는, 정신적인 눈이 건전한, 단순한 눈길을 가진 인간이다. 올바른 "세계관"世界觀을 일상의 눈길에 비유한 예수의 산상수훈은 그런 사람을 두고 한 말이다.

"눈은 몸의 등불이다. 그러므로 네 눈이 단순하면 네 온몸도 밝을 것이다"(마태 6,22).

웃는 것

일상에는 일의 심각성뿐 아니라 바라건대 웃음도 어우러져 있다. 그런데 웃는다는 것도 매우 엄숙한 일이다. 흔히 그 사람을 말보다도 더 잘 드러내기 때문이다. 여기 웃음이란 좋은 웃음을 두고 하는 말이다. 하기야 바보의 웃음도 있고 악인의 웃음도 있다고 집회서는 가르친다(21,20; 27,13). 그런 웃음은 주님이 저주하신 바 있다(루카 6,25). 여기선 그런 웃음이 아니라 확 풀어 주는 웃음, 어린이 같은 밝은 마음에서 나오는 웃음을 말한다. 이런 웃음은 모든 것과 모든 이에 대한 사랑으로 인해 만사를 있는 그대로 받아들이고 볼 줄 아는, 탁 트인 호감을 품고 있는 사람에게서만 찾아볼 수 있다. 큰 것은 크게, 작은 것은 작게, 심각한 것은 심각하게, 우스운 것은 우습게. 이렇게 온갖 것이 있고, 또 하느님이 뜻하시는 대로 존재하고 있는 이상, 모두 한가지로만 받아들일 것이 아니라 각각 있는 대로 받아들여야 하며 우스운 것은 웃어 마땅하다.

그러나 그렇게 할 수 있는 것은 오직 모든 것을 자기 위주로 헤아리지 않는 자, 자아에서 해방된 자, 모든 것과 모든 이에 대해 호감을 품고 있는 자만이다. 그 호감에 접하면 모든 것이 그 본연의 뜻을 나타낼 수 있게 된다. 이처럼, 좋은 웃음은 사랑의 표시이며, 모든 것을 하느님 안에서 포용하는 사랑의 계시 내지 교습인 것이다. 그러나 하느님 자녀의 이 천진무구한 웃음은 실상 그 이상의 무엇이다. 그 웃음도 하나의 신비인 것이다. 바로 하느님 말씀이 그 유비類比를 말해 주고 있다. 성서는, 하느님 대전에 들어서는 순간 무無로 사라져야 어울릴 법한 이 웃음이라는 자그마한 선물을 하느님 마음의 표상 및 비유로 삼고 있지 않는가. 성서 말씀에 놀랄 수도 있겠으나, 분명 하느님은 하늘에서 웃으신다고 하였다(시편 2,4). 마음 놓은 자의 웃음을, 자신 있고 위협을 모르는 자의 웃음을 웃으신다고 하였다. 피나게 괴롭고 미친 듯 야비한 세계사의 끔찍한 소용돌이를 굽어보시면서 하느님답게 초연한 웃음을, 거의 무정하다 하리만큼, 이 땅의 눈물겨운 정경을 가련히

여기고 아시면서도, 태연히 웃으신다는 것이다. 그러실 수 있는 것은 당신의 영원한 말씀이 우리와 더불어 우셨고, 하느님으로부터 버림받은 이 세상의 아픔을 끝 간 데까지 겪으셨기 때문이 아니겠는가.

  하느님은 웃으신다고 성서는 말한다. 그러면서도, 이 세상의 못난 짓 때문에 그 좋으신 마음 어디선가 맑고 밝게 터져 나오는 그 종국적 웃음 속에는, 하느님 광채의 모습이 비치고 있음을 시사해 준다. 그것은, 종국에 가서는 역시 모든 것이 좋다는 진리를 웃음으로 알리시는, 역사와 무궁세의 승리자, 주 하느님의 모습인 것이다.

먹는 것

먹고 마시는 데 대해 화학적 또는 생리학적 측면에서 어찌나 많이들 말도 하고 글도 쓰고 했는지 이제 우리는 이 일상적이면서도 매우 신비로운 일을, 저 몸이라는 기계를 돌리기 위한 물적인 충전充電쯤으로만 여길 위험에 이르렀다. 인간이 참으로 인간으로서 먹고 짐승같이 마구 먹지 않는다면, 먹는다는 것은 어디까지나 전인全人의 사정이다. 과연 먹는 행위의 이 전인적 성격이 결여된다면 생리적 요소마저도 해를 입을 것이다. 우리 일상 경험의 영역에서 식사보다 더 신비로운 일은 아마 없으리라. 그것은 죽은 것이 산 것으로 화함이요, 어떤 존재물을 그 본성은 지킨 채, 더 고차적이고 더 포괄적인 다른 현실 안으로 포섭함이다. 생명을 단지 물리 화학적 현실의 복잡한 기계 구조로만 보는 사람말고는 누구나 이 변화 앞에 놀라움을 금치 못할 것이다.

인간의 경우 이 변화는 인간적인 것으로의 변화, 자기를 의식하고 자율적이고 세상이 그 안에서 실현되는 현실로의 변화를 뜻한다. 낮은 것은 오로지 높은 것으로부터 이해되는 법이고 보면 — 평면적 사고는 거꾸로 생각하려 들지만 — 먹는다는 것은 어떤 존재가 인식을 통해 주위 세계를 자기 것으로 삼고 사랑을 통해 세계라는 전체에 자기를 내맡기는 과정의 가장 낮은, 따라서 가장 기본적인 형태라고 해야 한다. 그렇기에 인간 실존의 위대하고 숭고한 그 무엇을 구체적으로 파악할 수 있게 드러내려면 회식會食이 그 우선적 상징이 됨은 당연한 일이라 하겠다.

회식은 먹는 이들 상호 간의 사랑과 신뢰로 이루어지는 일치의 상징, 아니, 실행인 것이다. 왜냐하면 그들은 자신의 생존의 기반인 신체적 식사에 서로를 용납하고 함께 나눔으로써 자신을 서로 베풀어 주기 때문이다. 그렇기에 또 회식은, 모든 이가 주님 자신인 같은 빵을 먹고 같은 잔을 마심으로써 하느님과 서로를 합일시키는 영생의 음식을 삼아 실현되는, 인간 자신의 완성인, 저 궁극적 일치의 상징이 되는 것이다. 그러므로 우리가 먹을 때면 일상의 식사도 언제나 축제다운 분위기가 있어야 한다. 식사는 일상에 있어서의 축제이다. 그것은 모든 것과 모든 이의 염원인, 모든 이를 지켜 주고 고독에서 풀어 주는 저 일치를 알리기 때문이며, 일상에서 조용히, 그러면서도 뚜렷이, 영원한 삶의 잔치를 말해 주기 때문이다.

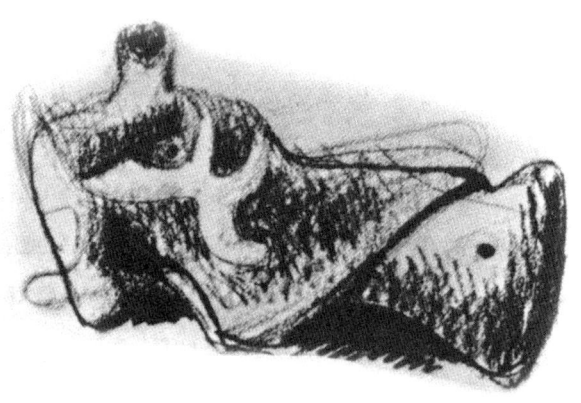

자는 것

우리는 평생의 삼분의 일은 자 버린다. 그러니 잠은 말할 것도 없이 우리 삶의 큰 몫을 이루고 있으며 누구나 다하는 작업이자 예술이라 하겠다. 그렇다면 잠의 신학이라는 것도 있는가. 물론 있다. 우선 성서부터 잠이라는 우리 체험을 무척이나 인간적으로 확인해 준다. 제대로 일한 사람의 깊은 잠, 사업으로 마음이 보채 잠을 못 이루는 사람의 불면증, 게으름뱅이의 늦잠 등 여러 가지다. 그러나 성서에서 잠은 그보다 한결 깊은 현실의 표상이자 비유이다. 죽음의 표상, 죽음 같은 치둔의 표상, 죄에 탐닉한 상태의 비유이다. 그런가 하면 하느님 지시를 받아들일 수 있는 유순한 마음의 시간을 의미하기도 하고 뜻깊은 꿈을 가리키기도 한다. 꿈은 평상시에 억눌려 있기 쉬운 인간의 심층을 호소함으로써 하느님의 계시와 명령을 알려 줄 수 있는 것이다.

과연 우리가 매일 자는 잠은 매우 신비스러운 것이다. 인격과 자유를 갖추고 자기 자신을 지니고 좌우하는 인간이, 잠이 들면 자기를 풀어 손을 놓고는, 자기가 지어내지도 않았고 뚫어 보지도 못하는 자기 실존의 권세들에게 내맡긴다. 잠은 인간 세계가 근본적으로는 올바르고 안전하고 선함을 신뢰하는 행위, 천진의 행위, 자기 마음대로 다스릴 수 없는 현실을 수락하는 행위이다. 이처럼 잠이 든다면, 즉 그저 생리 현상에 못 이겨 늘어지는 게 아니라 하나의 전인적 행위로 마음을 푹 놓고 믿으면서 잠을 맞는다면, 그것은 기도의 내적 구조와 상통하는 것이다. 기도 역시 하느님의 섭리를 사랑으로 여겨 받아들이고 그 사랑에 자기 실존을 믿는 마음으로 내맡기는 행위가 아니겠는가. 그리스도인이 저녁기도로써 잘 준비를 하고 싶어지는 것은 자연스러운 일이라 하겠다. 그 기도는, 각자의 사정에 따라, 그날과 그날의 일들을 떠나보내는, 미련 없는 정화와 화해의 이별, 그리고 우리를 언제나 사랑으로 감싸 주는 신비에 나를 맡기는 위탁의 행위라야 합당하다. 이처럼 기도하면서 잠을 맞으면 잠들면서 빠져드는 자기 존재의 어두운 심연이 축복으로 청정해진다.

그리고 어두운 심연의 사자 아닌 하느님 천사가 우리 잠을 지켜 준다. 그러면 잠은 평온하고 안락해져 삶의 깊은 바탕과 통하게 된다. 그것은 인간이 온전하고 온전하게 머물기 위해 자기의 자유 인격과 삶의 모든 의식적 기획이 뿌리를 내리고 있어야 하는 바탕인 것이다.

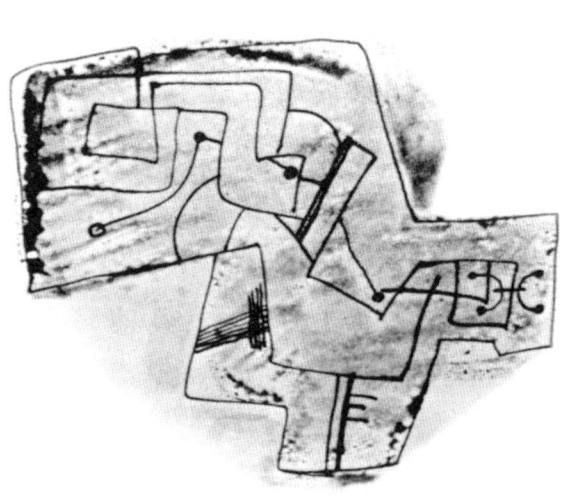

일상에서의 은혜 체험

우리는 과연 은혜의 체험을 한 적이 있는가. 그렇다고 무슨 경건한 느낌이라든가 축제에서와 같은 종교적 감흥 또는 잠잠한 위안 등을 말하는 것은 아니다. 그저 은혜의 체험을 말하는 것이다. 즉, 강생과 십자가 희생으로 그리스도 안에 현실이 된, 삼위일체의 성령의 내리심을 말하는 것이다. 그런데 은혜란 대체 현세의 삶에서 체험될 수 있는 것일까. 이를 긍정한다면, 우리가 현세에서 나그넷길을 가는 이상 밝으면서도 어두운 구름처럼 우리를 감싸 주는 믿음이라는 것을 무너뜨리는 셈이 되는 게 아닌가. 신비가들은 자신의 발언이 참됨을 목을 내걸고까지 증언하면서, 하느님을 체험했노라고, 따라서 은혜를 이미 체험했노라고 한다. 그러나 하느님에 대한 신비가의 경험적 앎이란 매우 어둡고 은밀한 사정이라서, 이를 가지지 않은 자로서는 무어라 말할 수 없고 가진 자는 아무 말도 않는 형편이다. 그런 이상 당초의 물음에 선험적으로 답할 수는 없는 일이다. 그렇다면 혹 은혜의 체험에도 단계가 있어 그 낮은 지위에는 우리네도 이를 수 있단 말인가.

그러면 우리는 인간 실존에 있어 "정신적인 것"은 경험한 적이 있는가를 우선 물어보자. 여기 "정신"이라는 말로 무엇을 가리키느냐는 물음도 그 또한 한마디로 쉽게 답할 수 없는 난제이지만 말이다. 우리는 아마 이렇게 대답할 것이다. 물론 그런 체험은 해 보았고 매일같이 늘 하고 있다고. 나는 생각하고, 공부하고, 결단하고, 행동하고, 남들과 관계를 맺고, 생물적일 뿐 아니라 정신적인 데에 바탕하는 사회 안에서 살고 있고, 사랑하고, 기뻐하고, 시를 즐기고, 문화와 학문과 예술 작품들도 가지고 있다고. 그러니까 정신이 무엇인지 안다고. 이상은 모두 틀림없는 말이다. 그러나 이 모든 경우 "정신"은 이를테면 우리의 지상 생활을 인간적이고, 아름답고, 어떻게든 뜻있게 만들어 보려는 데 들어가는 성분成分에 불과할 수도 있다. 단, 정신을 그 본질적 초연성에서 틀림없이 경험했노라고는 할 수 없다. 그렇다고 정신의 초연성을 철학적으로 논할 때에나 정신이 거기 있다는 것은 아니다. 그와는 정반대이다. 그런 철학 사변은, 인생에 내재적 요소로 작용하는 데에만 그치지 않는 저 정신과 관련된, 이차적이고 부수적인 체험일 따름이다. 그렇다면 정신의 본격적인 체험은 어디에 있는 것일까. 이제 이렇게 말하고 싶다. 우리들 자신의 체험 안에서 찾아보자고. 그러기 위해서 몇 가지를 삼가 비쳐 보겠다.

우리는 자기를 변명하고 싶은데도, 부당한 취급을 받았는데도, 침묵을 지킨 적이 있는가. 우리는 아무런 보상도 못 받고 남들은 오히려 나의 침묵을 당연한 것으로 여겼는데도 남을 용서해 준 적이 있는가. 우리는 순명치 않으면 불쾌한 일을 당할까 봐 두려워서가 아니라, 우리가 하느님과 그 뜻이라고 부르는 저 신비롭고 소리 없고 헤아릴 수 없는 분 때문에 순명한 적이 있는가. 우리는 아무런 감사도 인정도 받지 못하면서, 내적인 만족마저 못 느끼면서도 희생을 한 적이 있는가. 우리는 전적으로 고독해 본 적이 있는가. 우리는 순전히 양심의 내적인 명령에 따라, 아무에게도 말 못 할, 아무에게도 이해 못 시킬 결단을, 완전히 혼자서, 아무도 나를 대신해 줄 수 없음을 알면서, 자신이 영영 책임져야 할 결단인 줄 알면서 내린 적이 있는가. 우리는 아무런 감격의 물결도 더는 나를 떠받쳐 주지 않고, 자기와 자기 삶의 충동을 더는 하느님과 혼동할 수 없으며, 하느님을 사랑하면 죽을 것만 같은데도 하느님을 사랑한 적이 있는가. 하느님 사랑이 죽음 같고 절대적 부정 같아 보일 때, 아무도 전혀 들어주지 않는 허무를 향해 부르짖고 있는 듯할 때, 마치 심연으로 끔찍하게 뛰어드는 것 같을 때, 모든 게 못 알아들을 노릇이고 무의미해지는 듯할 때, 그래도 하느님을 사랑한 적이 있는가. 의무를 행하면 자기 자신을 참으로 거역하고 말살한다는 안타까움을 어찌할 수 없는데도, 아무도 고마워하지 않는 기막힌 바보짓을 않고서는 할 수 없을 것 같은데도 의무를 행한 적이 있는가. 우리는 아무런 감사도 이해도 메아리치지 않고, 자기 자신 "몰아적"이라든가 떳떳하다든가 하는 느낌의 갚음마저도 없이 누구에게 친절을 베푼 적이 있는가.

우리는 자신의 생활 체험 가운데서, 바로 내게 일어난 경험들에서 정신을 찾아보도록 하자. 그와 같은 일이 내게 있었다면 정신을 체험한 것이다. 그것은 곧 영원의 체험이다. 정신은 이 시간적 세계의 일부 이상이라는 경험, 인간의 의의란 이 세상의 의의나 행복으로 다할 수 없다는 경험, 현세적 성공으로 뒷받침할 수 있는 아무 근거도 없이 그저 믿고 뛰어드는 모험의 경험인 것이다.

이렇게 본다면 진실로 정신에 사는 인간들과 성인들 내면은 그 얼마나 은밀한 정열로 불타고 있는가를 짐작할 수 있다. 그들은 바로 이런 체험을 원하는 사람들이다. 이 세상에 사로잡힐까 봐 자신이 정신에 살기 시작하고 있음을 숨은 두려움 속에 거듭거듭 확인하려는 사람들이다. 이들은 정신에 맛들인 것이다. 사람들은 오히려 그런 체험은 본격적 정상 생활의 달갑지는 않으나 어쩔 수 없는 막간으로 알고, 정신은 다른 한 삶의 알맹이 아닌 양념이나 곁들이로 여기는 데 비해, 성인들은 순수한 정신의 맛을 체득한 것이다. 성인들은 이를테면 정신을 그대로 들이마신다. 현세 생활의 양념으로서가 아니다. 그래서 그들의 별난 인생, 가난, 겸손의 갈망, 죽음의 그리움, 고통의 감내, 순교의 은밀한 동경이 있는 것이다. 그들이라고 약하지 않아서가 아니다. 그들이라고 일상의 습성에 늘 되돌아가지 않아도 좋아서가 아니다. 은혜가 일상과 통념적인 행동도 역시 축복하여 하느님께로 나아가는 한걸음이 되도록 해 줄 수 있음을 몰라서가 아니다. 지상에 사는 우리가 천사도 아니며 또 천사여서도 안 됨을 모르는 그들이라서가 아니다. 그러나 그들은 깨달은 바가 있다. 실로 정신으로서의 인간이란, 단지 사변적으로뿐 아니라 실존적으로 신과 세계, 시간과 영원의 접경接境에서 살아야 한다는 것을 아는 것이다. 그리고 그들 자신 실제로 그렇게 살고 있는가를, 정신이 혹 인간적 생활양식의 수단에 그치지나 않고 있는가를 재삼 확인하려는 것이다.

이제 우리가 이처럼 정신을 체험한다면, 적어도 믿음 안에 사는 그리스도인으로서는, 사실상 이미 "초자연적인 것"을 경험한 것이다. 그것은 다분히 무명의 경험, 그렇다는 것이 뚜렷이 밝혀지지 않은 채 하는 경험일 수도 있다. 그래서 우리는 그럴 경우 초자연적인 현실을 직접 바라보기 위해 눈길을 반성적으로 돌릴 수도 없고 돌려서도 안 되는지도 모른다. 그러나 우리는 알고 있다. 정신의 이런 체험에 있어 우리가 자신을 아주 내맡긴다면, 손에 잡히는 것, 내보일 수 있는 것, 즐길 수 있는 것이 다 사라지고 모든 것이 죽음 같은 암묵에 잠겨 죽음과 멸망의 맛을 띠게 될 때면, 아니면 모든 것이 마치 희고 무색이고 잡히지 않는, 무어라 형언 못 할 열락悅樂 안에 녹아 버릴 때면, 우리 안에 작용하는 것은 정신精神뿐 아니라 성령聖靈임을 우리는 아는 것이다. 성령의 은혜의 때가 온 것이다. 자신을 우리에게 베푸시는 하느님의 무섭도록 깊은 심연이, 그의 무한성이 우리에게 임하기 시작한 것이다. 우리가 자신을 다 내주어 더는 자기에 속하지 않을 때, 자신을 거부하여 더는 임의로 처신하지 않을 때, 만사와 자아가 우리로부터 한없이 멀리 물러났을 때, 우리는 비로소 하느님 자신의 세계, 은혜와 영생의 하느님 세계에 살기 시작하는 것이다. 이런 삶이 처음에는 너무나 낯설게 느껴져서 우리는 소스라쳐 도로 낯익고 가까운 세계로 도망치곤 할 것이고 또 그래도 괜찮은 것이다. 그렇더라도 차츰차츰 성령으로 가득한 정신의 순수한 술에 맛들여야 한다. 적어도 성령이 이끌고 그느르시거든 잔을 물리치지는 않아야 하겠다.

현세 삶에서는 성령의 잔이 곧 그리스도의 잔과 하나이다. 이를 마실 수 있는 자는 오직 허무에서 충만을, 추락에서 상승을, 죽음에서 삶을, 버림에서 찾음을 차츰 맛볼 줄 알게 된 자뿐이다. 이를 배우는 자는 정신을, 순수한 정신을 체험하게 되고 그 체험을 통해 은혜의 성령을 체험하게 된다. 대체로 그것은 긴 눈으로 보아 오직 신앙 안에서 그리스도의 은혜를 통해서만 정신의 이런 해방에 도달하기 때문이다. 그리스도께서는 정신을 해방하시되 언제나 초자연적 은총을 통해 하느님 자신의 생명 안으로 하신다.

우리는 자신의 삶을 스스로 살펴봄으로써 은혜의 체험을 찾아보자. 나도 가졌다, 여기 있다, 하고 내세우기 위해서 찾아보자는 것은 결코 아니다. 우리는 오직 자아를 잊음으로써만 찾을 수 있으며, 하느님을 찾아 몰아적 사랑으로 자기를 하느님께 돌이킴 없이 바침으로써만 이를 찾아 얻을 수 있는 것이다. 그럼에도 불구하고 우리 안에 이렇듯 죽이면서 아울러 살리는 체험 같은 것이 건재하는가를 이따금 물어야 한다. 그 까닭은 소위 우리 영신 생활에 있어 우리가 성령의 체험에서 얼마나 아득히 떨어져 있는가를 살피기 위해서이다.

아직도 길은 멀도다. "와서 맛보라. 주님이 얼마나 좋으신가를"(시편 33,9).

카를 라너 연보

1904년 독일 프라이부르크에서 출생
1922년 예수회에 입회
1924~1933년 오스트리아 펠트키르히와 독일 뮌헨 인근 풀라흐, 네덜란드 팔켄뷔르흐에서 철학 및 신학 공부
1932년 독일 뮌헨에서 사제 서품
1934~1936년 프라이부르크에서 철학 공부
1936년 오스트리아 인스부르크에서 신학박사 학위 취득,
1937년부터 인스부르크에서 신학 강의를 시작하지만, 이듬해 나치 치하에 중단
1939년 오스트리아 빈으로 가서 1944년까지 사목 활동 및 강의
1945~1948년 풀라흐에서 강의
1948~1964년 인스부르크 대학교 교의신학 교수
1962년 교황 요한 23세로부터 제2차 바티칸 공의회 고문 顧問 신학자로 선임
1964년 뮌헨 대학교에서 로마노 과르디니의 교수직을 계

승하여, 1967년까지 그리스도교 세계관 및 종교철학 강의

1967~1971년 뮌스터 대학교 교의신학 교수로 재직하다가 정년퇴직

1971년 뮌헨으로 돌아와서 명예교수로서 철학과 신학의 접경 문제 강의

1972년 인스부르크에서도 명예교수로서 교의신학 강의

1984년 선종

카를 라너의 저작은 그 색인이 한 권의 책으로 따로 나올 만큼 방대한데, 그중에도 대논문 *Geist in Welt*(1939)와 열여섯 권에 달하는 사상집 *Schriften zur Theologie*(1954~84), 대사전 *Lexikon für Theologie und Kirche*(1957~68)는 20세기 신학의 독보적 이정표를 이루고 있음.

옮긴이 장익은 인스부르크에서 사제로 수품되었고(1963), 춘천 교구에서 주교로 사목하였다(1994~2010). 퇴임 후 실레마을 공소에서 은거하며 기도와 묵상, 독서로 일상을 충실히 살다가 선종하였다(2020).